Die grosse Notensammlung

Klavier

Die Klassiker von A bis Z

Bearbeitet von
Margarete Babinsky

Band I: Von Albéniz bis Debussy

The Big Music Collection

Piano

The Classics from A to Z

Edited by
Margarete Babinsky

Volume I: From Albéniz to Debussy

© Naumann & Göbel Verlagsgesellschaft mbH, Köln

All rights reserved

ISBN 3-625-17009-4

www.naumann-goebel.de

INHALT

BAND I

VON ALBÉNIZ BIS DEBUSSY

Contents

Volume I

From Albéniz to Debussy

Malagueña
España op. 165 Nr. 3

Isaac Albéniz

Capricho Catalan

España op. 165 Nr. 5

Isaac Albéniz

molto rall.

a tempo

Solfeggietto c-moll

Carl Philipp Emanuel Bach

Allegretto F-dur

Musikalische Nebenstunden

Johann Christoph Friedrich Bach

21

22

Menuett G-dur
Notenbüchlein für Anna Magdalena Bach
BWV Anh. 116

Johann Sebastian Bach

Präludium d-moll
Kleine Präludien und Fughetten
BWV 926

Johann Sebastian Bach

Präludium F-dur
Kleine Präludien und Fughetten
BWV 927

Johann Sebastian Bach

Fuge C-dur
Kleine Präludien und Fughetten
BWV 953

Johann Sebastian Bach

28

Invention C-dur
BWV 772

Johann Sebastian Bach

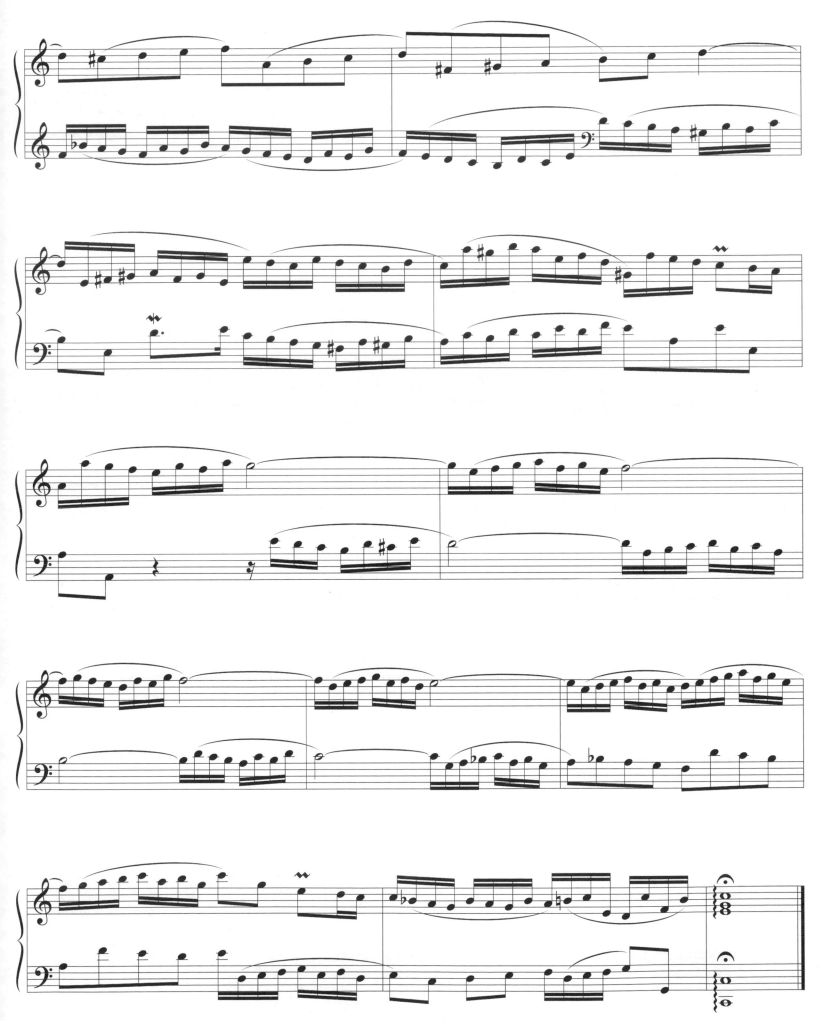

Invention d-moll
BWV 775

Johann Sebastian Bach

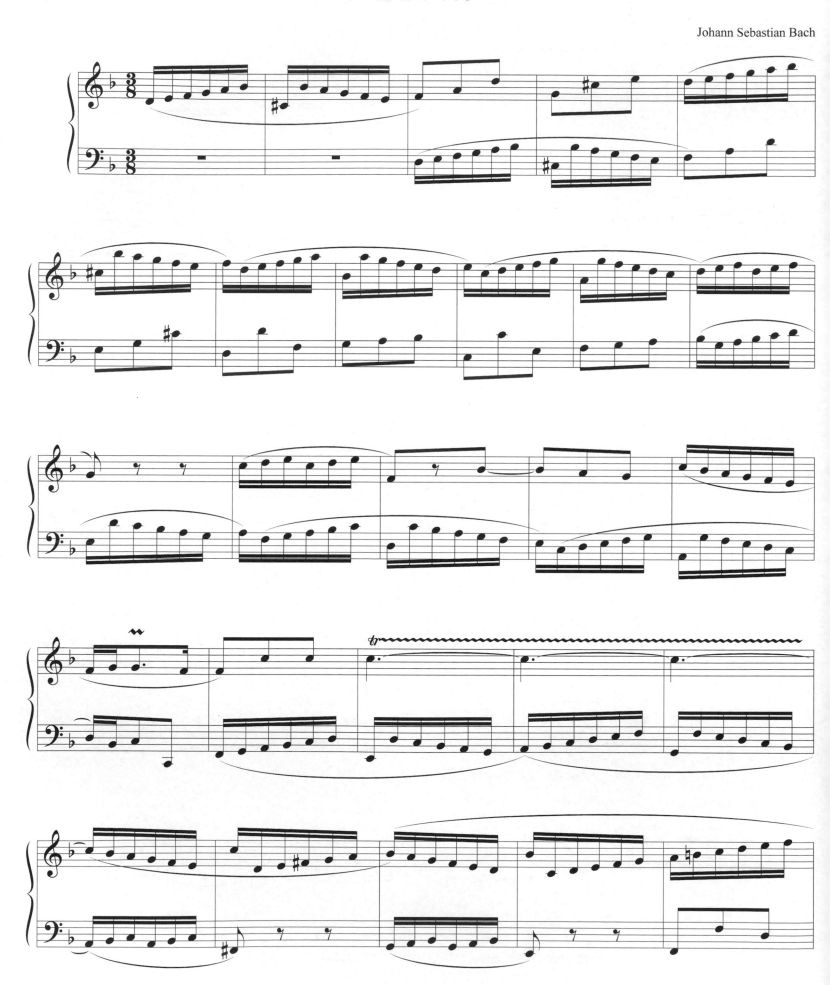

33

Invention a-moll
BWV 784

Johann Sebastian Bach

Französische Suite Nr. 6 E-dur
BWV 817

Johann Sebastian Bach

Gavotte

Polonaise

Menuet

Bourrée

Präludium und Fuge C-dur
Das Wohltemperierte Klavier I
BWV 846

Johann Sebastian Bach

Fuge

44

Präludium und Fuge f-moll
Das Wohltemperierte Klavier II
BWV 881

Johann Sebastian Bach

48

Fuge

Menuett G-dur
6 Menuette WoO 10

Ludwig van Beethoven

Sonatine G-dur
Klavierstücke Anh. 5

Ludwig van Beethoven

Romanze

Sonatine F-dur
Klavierstücke Anh. 5

Ludwig van Beethoven

Rondo

Allegro

Lustig und traurig
Klavierstück WoO 54

Ludwig van Beethoven

Für Elise
Klavierstück WoO 59

Ludwig van Beethoven

6 Ecossaisen
WoO 83

Ludwig van Beethoven

Bagatelle D-dur
op. 33 Nr. 6

Ludwig van Beethoven

Allegretto quasi Andante

Bagatelle g-moll
op. 119 Nr. 1

Ludwig van Beethoven

Bagatelle a-moll
op. 119 Nr. 9

Ludwig van Beethoven

Vivace assai ed un poco sentimentale

6 Variationen

"Nel cor più non mi sento"

WoO 70

Ludwig van Beethoven

Thema

Andantino

Var. I

Var. II

Var. III

Var. VI

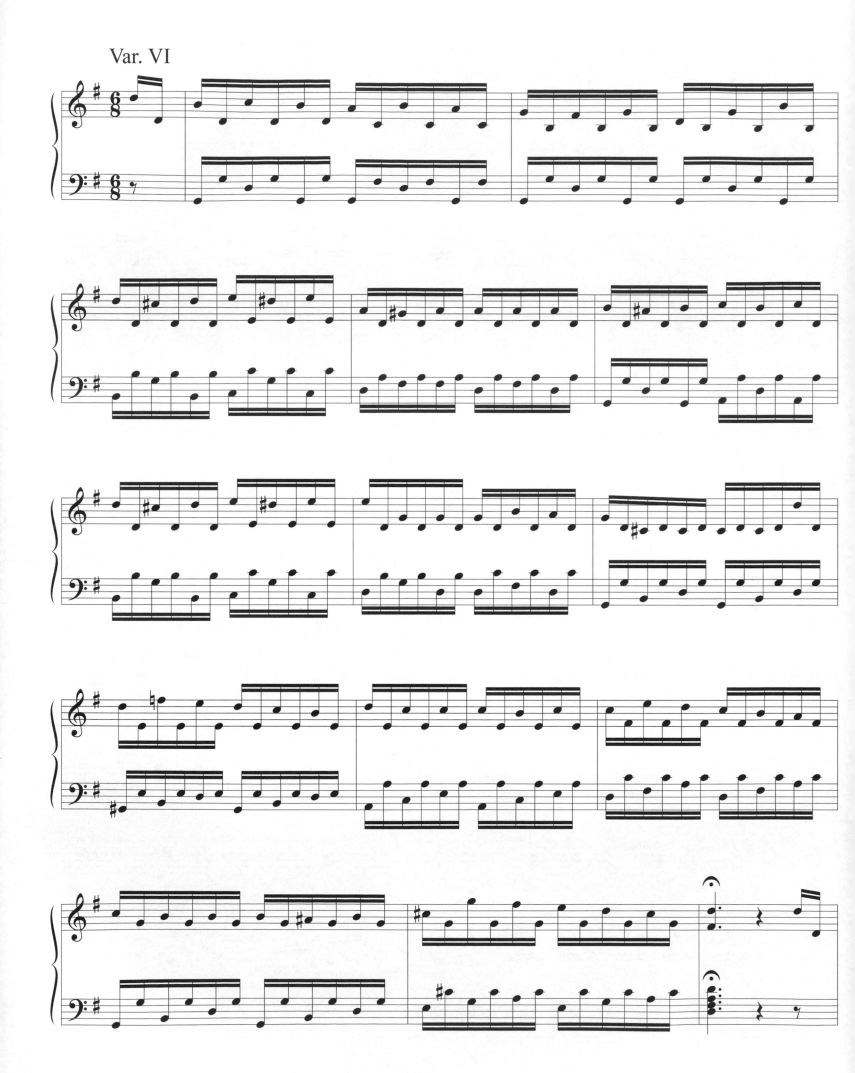

84

Rondo C-dur
op. 51 Nr. 1

Ludwig van Beethoven

Tempo di Menuetto
Sonate op. 49 Nr. 2

Ludwig van Beethoven

Tempo di Menuetto

Adagio sostenuto
Sonate op. 27 Nr. 2 ("Mondscheinsonate")

Ludwig van Beethoven

*) Dieses Stück muß sehr zart und mit Pedal gespielt werden.

Adagio cantabile
Sonate op. 13 ("Pathétique")

Ludwig van Beethoven

Adagio cantabile

Walzer gis-moll
op. 39 Nr. 3

Johannes Brahms

Walzer d-moll

op. 39 Nr. 9

Johannes Brahms

Walzer A-dur
op. 39 Nr. 15

Johannes Brahms

Intermezzo Es-dur
"Schlaf sanft, mein Kind"
op. 117 Nr. 1

Andante moderato

Johannes Brahms

Più Adagio

pp sempre é molto espress.

pp

rit.

pp

p

pp

pp

pp

111

Intermezzo A-dur

op. 118 Nr. 2

Johannes Brahms

Andante teneramente

Ballade g-moll
op. 118 Nr. 3

Johannes Brahms

Allegro energico

121

Walzer h-moll
op. posth. 69 Nr. 2

Frédéric Chopin

Moderato

Walzer Des-dur ("Minutenwalzer")
op. 64 Nr. 1

Frédéric Chopin

Prélude e-moll

op. 28 Nr. 4

Frédéric Chopin

Prélude h-moll
op. 28 Nr. 6

Frédéric Chopin

Lento assai

Prélude Des-dur ("Regentropfen-Prélude")
op. 28 Nr. 15

Frédéric Chopin

Mazurka g-moll
op. 67 Nr. 2

Frédéric Chopin

Mazurka a-moll
op. 67 Nr. 4

Frédéric Chopin

Moderato animato

Mazurka a-moll
op. 68 Nr. 2

Frédéric Chopin

Mazurka F-dur

op. 68 Nr. 3

Frédéric Chopin

Allegro, ma non troppo

150

Polonaise A-dur
op. 40 Nr. 1

Frédéric Chopin

154

Nocturne Es-dur
op. 9 Nr. 2

Frédéric Chopin

Nocturne f-moll
op. 55 Nr. 1

Frédéric Chopin

più mosso

Etüde f-moll
Trois nouvelles Etudes Nr. 1

Frédéric Chopin

Etüde c-moll ("Revolutions-Etüde")
op. 25 Nr. 12

Allegro molto e con fuoco

Frédéric Chopin

Walzer Nr. VIII G-dur

Muzio Clementi

Fine

Da capo al Fine

Walzer Nr. XXIV Es-dur

Muzio Clementi

Fine

Da capo al Fine

Les coucous bénévoles

François Couperin

Rêverie

Claude Debussy

Première Arabesque

Claude Debussy

Andantino con moto

The little Shepherd
Children's Corner

Claude Debussy

Golliwogg's Cake Walk
Children's Corner

Claude Debussy

195

Un peu moins vite

La Fille aux cheveux de lin
Préludes

Très calme èt doucement expressif

Cédez - - - - - - Mouvementé

au Mouvementé
Cédez

tres doux

Murmuré et en retenant peu à peu

perdendo - - - - - - - - - - - - - - - -

Clair de lune
Suite bergamasque

Claude Debussy

En animant

più cresc.

Tempo I

ppp